AF338810

SOUVENIRS

DE FAMILLE

PAR

EUGÈNE VILLEMIN

⸺

FÉLIX CAZOT — CÉCILE CAZOT
LUCIE HEUZEY.

⸺

PARIS

TYPOGRAPHIE ET LITHOGRAPHIE LACOUR

Rue Soufflot, 18.

1858

SOUVENIRS

DE FAMILLE

SOUVENIRS

DE FAMILLE

PAR

EUGÈNE VILLEMIN

FÉLIX CAZOT — CÉCILE CAZOT
LUCIE HEUZEY.

PARIS

TYPOGRAPHIE ET LITHOGRAPHIE LACOUR
Rue Soufflot, 18.

—

1858

Ceci regarde notre famille. Coup sur coup, trois malheurs sont venus nous atteindre ; ils ont brisé les nœuds les plus chers. Là où régnaient la concorde, la sympathie et l'amour, une irréparable fatalité, dans l'espace de quelques mois, a substitué le désert et la désolation. Dans les lois de la Providence, de pareils désastres sont heureusement exceptionnels. Mais nous, qu'ils ont éprouvés, nous en avons doublement souffert ; qu'il nous soit donc permis de pleurer entre nous et de nous souvenir.

François-Félix Cazot est né à Orléans le 7 avril 1790. Cette naissance eut lieu sous de tristes augures. A peine au seuil de la vie, il fut en péril de mort. Ses père et mère le firent ondoyer à la maison.

Les soins maternels raffermirent la constitution du petit Félix ; mais pendant qu'il grandissait sur les rives de cette belle Loire, limpide comme l'air qu'on y respire, les événements de 93 se déchaînaient sur la France. Bien des positions furent bouleversées, anéanties. L'expérience du malheur et de ces luttes terribles, où le chef de famille se débat avec la nécessité, avait incrusté profondément chez le père de Félix l'instinct de tout ce qui est positif et pratique.

Étienne Cazot, qui rêvait pour son fils une position basée sur sa valeur personnelle, se prit d'abord à sonder ses aptitudes. Félix était un enfant laborieux. Il montrait en toute chose beaucoup de zèle et de docilité.

On lui ouvrit la carrière des arts par le dessin. Il y eut du succès. Nous avons de lui des portraits au crayon noir qui révèlent le sentiment de la forme ; c'est juste et correct. La justesse et la correction furent ses deux facultés dominantes. Ni dans les arts, ni dans la famille, ni dans la gestion de sa fortune, elles ne l'ont abandonné. Ce qu'il faisait, il le faisait avec précision, avec conscience, et il y portait le caractère essentiel de l'artiste, un besoin de perfection difficile à contenter.

Cette soif de l'inconnu, cette aspiration vers l'infini, est ce qui constitue le peintre, le musicien. Entre la musique et la peinture, Félix Cazot ne fut pas longtemps irrésolu.

Il n'avait pas douze ans, que le bon abbé Rose, un des premiers compositeurs de musique sacrée de son époque, devina en lui de rares dispositions. Il l'adopta pour son écolier favori ; sous cet excellent maître, les progrès du jeune Félix furent rapides. En peu de temps, il devint élève du Conservàtoire de musique de Paris. Là, il prit ses premières leçons de *forte piano* sous M. Pradher, professeur distingué.

A cette époque, le piano n'était pas ce qu'il est aujourd'hui, une rivalité peu intelligente de bruyants accords, un assaut de difficultés mécaniques. Celui-là était le plus en vogue, et le mieux écouté, qui communiquait aux touches de l'instrument les émotions du cœur, les délicatesses du sentiment, le génie.

Cette sensibilité profonde, exquise, personne n'en était mieux doué que Félix Cazot. A cette supériorité incontestable se joignait aussi une chose que l'on appréciait beaucoup dans ce temps-là, la politesse et la bonne grâce de l'homme du monde. Félix avait des dehors qui prévenaient en sa faveur. Avec une taille au-dessous de la moyenne, il était simple et digne dans sa tenue. Son visage avait de remarquable un front large, harmonieux dans ses contours ; l'arc des sourcils se dessinait bien, l'œil regardait avec bienveillance et profondeur, la bouche frémissait aux impressions du beau. Comme tous les artistes bien organisés, il sentait double et triple de ce que sent le commun des hommes.

Un de ses amis, M. Jaley, statuaire et membre de l'Institut, à l'instant où j'écris ces lignes, achève, d'après celui que nous avons tant aimé et que nous regrettons, un buste qui fixe à jamais sur le marbre cette douce et intelligente image. M. Jaley avait souvent, dans son atelier, vu et entendu Félix Cazot exprimer ses idées fines, lumineuses sur la statuaire, pour laquelle il avait un goût très vif.

La statuaire est de tous les arts plastiques celui qui charme le plus quiconque recherche, soit en littérature, soit en composition musicale, la précision du trait, l'élégance et la correction de la forme.

Aussi Félix Cazot était, sous ce rapport, d'un excellent conseil. M. Jaley a très heureusement saisi dans le jeu du visage l'expression de l'homme qui, avec sagacité, avec enthousiasme, analyse un bas-relief de Phidias, ou savoure une mélodie de Gluck, de Mozart.

Revenons à cette période de séve et d'espérance qui est la jeunesse.

Grétry, le fécond et mélodieux Grétry, qui se connaissait en hommes, jeta les yeux sur Félix Cazot ; il reconnut en lui de l'étoffe ; aussi lui accordait-il libéralement son amitié et ses conseils.

Néanmoins, il faut le dire, l'illustre compositeur avait déjà dans le passé des gages certains qui lui révélaient dans son jeune protégé une très belle organisation musicale. Depuis son entrée au Conservatoire, Félix avait marché de succès en succès.

Il avait eu les premiers prix :

De vocalisation ;

D'harmonie ;

De composition ;

Et d'exécution instrumentale sur le piano.

Encore élève, distinction peu commune, il avait été nommé professeur adjoint.

Garat, ce fameux chanteur dont il a été dit qu'il était la musique même, donnait des leçons aux élèves du Conservatoire de musique.

Garat ne voulait point d'autre accompagnateur que Félix. En effet, Garat, musicien-né comme le sont tous les Basques, avait mieux que personne apprécié dans son jeune ami cette chaleur et cette originalité d'interprétation sans lesquelles le pianiste se réduit au rôle de vielle organisée.

En 1811, Félix concourt à l'Institut pour le prix de composition musicale.

Il obtient le second prix.

En 1812, il se remet à l'œuvre, et l'Institut lui décerne le premier prix, en partage avec Hérold, l'auteur du *Pré-aux-Clercs*.

Inscrire son nom à côté de ce nom illustre dit et prouve davantage que tous les éloges de l'estime ou de l'amitié.

Son grand prix lui donnait la faculté d'aller à Rome et d'y passer quatre années agréables peut-être, mais d'une utilité douteuse pour l'essor de son génie musical. Aura-t-il réfléchi que ce long séjour dans la ville éternelle, toute peuplée des chefs-d'œuvre de la statuaire et de la peinture, n'était pas précisément profitable à ceux qui ne font ni peinture, ni statuaire? — Cette considération avait de quoi arrêter un homme qui avait hérité de son père beaucoup d'esprit de conduite. Un motif encore plus sérieux et plus noble le fit renoncer à ce voyage en Italie. Il avait pour ses parents une vénération et une reconnaissance qui lui présentaient l'éloignement sous des couleurs infiniment pénibles. Il aimait la famille, et ce n'était pas le dernier sacrifice par lequel il devait signaler un des beaux côtés de son caractère.

Un autre charme le retenait aussi. Le 8 janvier 1814, il épousait mademoiselle Joséphine Armand. C'était une cantatrice doublement remarquable par ses dehors et par son mérite.

Fort belle et d'une tenue sévère, elle avait tout ce qui pouvait fixer et captiver un jeune homme enthousiaste de la grâce et du talent.

Elle était alors artiste attachée au grand Opéra ; mais, en outre, elle faisait partie de la musique particulière et de la chapelle de Sa Majesté Empereur et Roi, Napoléon Ier.

Surviennent les désastres de Waterloo. Le génie prodigieux qui avait fasciné le monde tombe, se relève, et disparaît de nouveau. Les Bourbons sont de retour. Les chambellans traînent dans les coulisses du grand Opéra leur nullité oisive.

Le premier titre pour avancer n'est plus une question de mérite, mais de complaisance.

Monsieur et madame Félix Cazot ne se dissimulèrent pas quels obstacles leur fermaient la carrière.

Ils furent sur le point de s'embarquer pour le Brésil.

Par un double bonheur, ce départ ne s'est point effectué ; outre que le bâtiment qui devait les emporter, eux et leurs collègues, musiciens et chanteurs, fit naufrage ; le théâtre royal de Bruxelles offrit à la belle transfuge un engagement de première chanteuse.

Les débuts eurent lieu en 1815.

Les deux premières représentations ne laissèrent aucun doute, si ce n'est que certains habitués exigeaient des roulades.

C'était là première éclosion de la fioriture ultramontaine.

Madame Félix Cazot, particulièrement habituée à la musique large et sévère de Gluck, de Spontini, eut un moment de crainte, de défaillance.

Mais comme elle avait dans le caractère une fermeté peu commune, en moins de vingt-quatre heures elle se mit dans la tête une partition avec les roulades demandées, et cette dernière épreuve fut une éclatante victoire.

Comme chanteuse, Joséphine Armand était richement douée. Mais alors on exigeait moins. Les études n'étaient point aussi creusées que de nos jours. On accordait davantage aux illuminations spontanées du génie inspirateur, lequel a ses caprices et ses lacunes. Félix Cazot y suppléait par un goût rigide, un jugement sûr. Il conseillait sa femme; il la suivait dans les progressions quotidiennes de son talent; il la guidait, il la développait; il agrandissait et il épurait sa méthode.

Aujourd'hui qu'il n'est plus et qu'elle vit encore, elle ne se lasse point de reconnaître les bienfaits d'un tel maître. « Je lui dois tout, s'écrie-t-elle; il m'a faite ce que j'ai été. »

Le séjour à Bruxelles fut de dix années. L'autorité que madame Cazot avait conquise sur son public était la joie de son mari; et lui-même, en donnant des leçons de piano, créa les premiers rudiments d'une fortune qu'il sut régir avec beaucoup d'ordre; ce qui ne l'empêchait pas, au besoin, de venir en aide au malheur ou à l'indigence.

Il avait, comme professeur, une qualité suprême : une grande logique dans l'esprit, et dans le cœur une conscience qui lui faisait envisager son état comme une sorte de ministère sacré.

Les morceaux qu'il faisait apprendre, il les étudiait, il les préparait à l'avance; il les copiait souvent, et les annotait lui-même. Par ce travail préliminaire, où il indiquait les moindres nuances, les intentions les plus fugitives, il donnait à l'exécution une couleur et un relief qui étaient, pour ainsi dire, son cachet individuel. Aussi les élèves ne lui ont-ils jamais manqué.

Mais au milieu des occupations laborieuses et absorbantes du professorat, que devint la composition musicale? Quel fut le résultat de ce triomphe où l'Institut le mit à côté de l'auteur de *Zampa*?

Félix Cazot était pour lui-même un juge sévère, trop sévère, je ne crains pas de le dire. Les mélodies qu'il jetait sur le papier parvenaient rarement à le satisfaire. Comme le sculpteur qui taille son marbre, il poursuivait de nouvelles lignes, des formes nouvelles, et, à force de chercher, peut-être arrivait-il à détruire cette fraîcheur, cette vitalité du premier jet dont les imperfections mêmes ont leur charme.

Quoi qu'il en soit, par excès de modestie et par défiance de lui-même, il négligea la composition musicale, du moins pour ce qui regarde les grandes œuvres dramatiques. Il fut effrayé des obstacles à vaincre dans une carrière où il se rencontre tant d'appelés et si peu d'élus !

En revanche, nous lui devons un peu une de nos illustrations musicales. Ce que le bon abbé Rose avait été pour lui-même, il le fut pour l'auteur de *la Juive*. Que l'on ouvre les *Mémoires d'un Bourgeois de Paris*, on y verra ce qui suit :
« Le fils du maître de pension , M. Cazot, très bon musicien
« et professeur au Conservatoire, encouragea et seconda les
« dispositions du jeune Halévy. »

Félix Cazot ne fit donc aucune tentative pour se produire au théâtre; il faut dire aussi qu'avant son départ pour Bruxelles il avait eu une fille, à l'avenir de laquelle il consacrait toutes ses forces et sacrifiait toutes les questions d'amour-propre.

En 1825 , nous le retrouvons à Paris. Il continue avec la même supériorité d'enseigner le piano. C'est alors qu'il fit sa méthode, où brillent toutes les qualités de son esprit. On peut hardiment la nommer un chef-d'œuvre de gradation et d'enchaînement logiques. Tout y est parfaitement clair , et les morceaux progressifs qui s'y trouvent sont entièrement de sa composition.

Nous touchons à une époque décisive, le mariage de Cécile Cazot. En juillet 1837, elle épousa M. Heuzey; union qui lui donna vingt années de bonheur.

Cécile était modeste et spirituelle. Une simplicité toute prévenante modérait le caractère sérieux et réfléchi de son visage parfaitement beau et régulier. Elle tenait de son père une organisation musicale aussi complète et aussi brillante que la sienne. De première force sur le piano, elle avait dans l'exécution beaucoup de légèreté et dans le style une élévation, une pureté irréprochables. Elle improvisait. Elle composait avec une facilité surprenante de suaves et charmantes mélodies. De ce qu'elle entendait, rien ne lui échappait. Au sortir d'un opéra, elle se rappelait une partition d'un bout à l'autre ; et assise devant son clavier, elle mettait à la rendre tant de relief et de nerf que l'orchestre tout entier semblait obéir à son évocation puissante.

En littérature aussi, on lui voyait une mémoire des plus ornées. Ses jugements étaient dictés par un goût sûr et délicat. Mais il y avait en elle, à côté de ces rares qualités artistiques, une horreur de la lutte, un besoin de tranquillité qui l'éloignaient souverainement de tout ce qui pouvait la mettre en évidence. Elle aspirait l'ombre comme d'autres poursuivent le grand jour.

Elle devint mère. Plus que jamais, elle n'eut qu'une joie, un but, se concentrer tout entière dans les devoirs et les austères plaisirs de la maternité.

Lucie Heuzey, sa fille, normande du côté de son père et de ses deux grands-pères, en avait toute la carnation fraîche et robuste. On peut dire d'elle, comme de sa mère et de son aïeule, qu'elle était d'une beauté accomplie. Avantages matériels qui sont de peu de valeur quand ils ne sont pas rehaussés par des qualités solides.

Sous ce rapport, Lucie réjouissait également le cœur de sa mère.

A treize ans et demi, elle est morte.

De cette mort datent tous les malheurs qui ont décimé notre famille.

Madame Cécile Heuzey, frappée comme de la foudre et repoussant tout ce qui eût diminué sa douleur, n'y voulut point survivre. Un mois ne s'était pas écoulé que le sépulcre de famille s'ouvrait de nouveau, et la mère venait dormir, lugubre et inanimée, à côté de sa fille.

Depuis douze années environ, M. Félix Cazot s'était retiré à Amboise. Il y habitait une poétique et riante maison. A quelques mètres de son jardin, la Loire promenait sa belle nappe bleue. Du pied de ses tilleuls, il planait sur le fleuve et sur la ville, et devant lui se déroulaient à vol d'oiseau les promenades, les rues, les édifices. Plus loin surgissait à l'horizon le fameux château historique encore tout criblé des arquebusades des Huguenots. Et lorsque l'aube ou le crépuscule en illuminait les énormes donjons, les tours massives et la svelte chapelle, il lui semblait que dans les peupliers sonores passaient quelques mélodies du plus bel opéra de Meyerbeer.

La treizième année devait lui être fatale : la mort lui ayant pris sa petite-fille et sa fille, lui-même se retira de ce monde et de tout ce qui était son bonheur.

La Loire promène encore ses belles eaux; dans son jardin, les aubépines, les arbres de Judée fleurissent; dans la maison bien-aimée de ses rêves, sa compagne, cette femme qui lui fut si tendre et si dévouée, Joséphine Armand, est encore là qui le nomme, qui l'associe à toutes ses pensées, à toutes ses préoccupations, mais lui est absent.

Absent pour jamais.

Madame Félix Cazot, la dernière et la plus à plaindre, puise dans la trempe de son caractère l'incroyable force qui lui fait supporter ces trois désastres consécutifs :

Une petite-fille,

Une fille,

Un époux,

Inhumés dans l'espace de six mois.

Étrangère aux vivants, elle n'existe, dit-elle, que pour ses chères ombres.

Dans une solitaire allée du jardin, elle érige un monument à ceux qui ne sont plus.

Sous un berceau de lierre, elle plante un rosier blanc, qui lui rappelle Lucie Heuzey...

Lucie... pauvre enfant, cause innocente et première de cette grande et irréparable désolation !

Amboise, 17 avril 1858.

LUCIE

STANCES

Ombres chéries, répondez - moi du haut de vos
rochers, du haut de vos montagnes ; ne craignez
point de m'effrayer. Où êtes-vous allées vous
reposer?. Dans quelle grotte vous trouverai-je?

Ossian.

LUCIE

Mère, je suis la rose blanche
Fleurie à l'ombre du berceau,
Où du lierre la verte branche
Monte et se recourbe en arceau.

Quand près de moi tu te recueilles,
Toi, dont le deuil est si profond,
Le vent qui bruit dans mes feuilles
Est un soupir qui te répond.

Bien jeune, le bon Dieu m'a prise ;
J'allais atteindre mes quinze ans.
Ainsi l'herbe que la faux brise
Pleure ses bourgeons fleurissants.

Je fus belle mais éphémère ;
Et toi, quand j'ai fui de ton seuil,
Mère ! tu vis mourir ma mère,
Qui vint dormir sur mon cercueil.

Hélas ! ce fut un grand désastre...
Je te plains ; que fais-tu sans nous ?
A ton foyer, quel mauvais astre
Prend tes deux filles, ton époux ?...

L'ami de tes jeunes années,
Le compagnon de tes vieux jours,
Vient de rompre les destinées
Qui semblaient jointes pour toujours...

Il t'aimait, et ce fut ta vie.
Il t'aimait, et tu l'as perdu.
Ma mère un jour lui fut ravie,
Et près d'elle il est descendu.

Nous sommes trois, qui, sous la pierre,
Gémissons de les voir couler
Ces longs pleurs qui de ta paupière
Ne demandent qu'à ruisseler...

Amour, bonheur, repos?... chimère !
Rien ne dure que la douleur.
Écoute, mère de ma mère,
Ne fléchis pas sous le malheur.

Le deuil où l'âme se replie
Est le lien qui ne rompt plus.
La pieuse mélancolie
Du sort ne craint pas le reflux.

La douleur est le pain des âmes.
Dieu met là pour l'éternité
Le rayon des anges, les flammes
D'amour et d'immortalité.

Mère, les bons esprits survivent.
Ils vont dans l'air ; ils sont partout.
Pleure avec nous ; nos cœurs te suivent ;
Près de toi nous serons debout.

Sous le berceau qui te protége,
Nous sommes trois qui te dirons :
« Reviens, nous te faisons cortége ;
« Sous les rosiers blancs nous errons. »

« La nature a des harmonies
« Où se plaisent les cœurs lassés…
« Ce sont les voix des bons génies,
« Ce sont les chants des trépassés. »

« Il existe une âme éternelle ;
« Le doux reflet d'un beau ciel clair
« Est le rayon de la prunelle
« D'un esprit qui nage dans l'air.

« Et nous-mêmes, qui dans nos courses
« Naviguons sur l'aile des vents,
« Nous murmurons avec les sources,
« Nous chantons sur les flots mouvants.

« Le jet d'eau qui pleut sur les marbres
« Où je m'asseyais autrefois,
« L'air qui frissonne dans les arbres,
« Quand l'automne a jauni les bois.

« Et l'hiver, sous le toit champêtre,
« La bise qu'on entend frémir,
« C'est nous... tu dois nous reconnaître ;
« Nous te disons : Pourquoi gémir ?

« Pourquoi pleurer, puisque nos âmes
« Te suivront jusqu'au dernier jour ;
« Puisque l'amour dont nous brûlâmes
« Se change en immortel amour ?... »

Mère, entends-tu ce que te disent
Ceux qui t'ont laissée à regret ?
Nos mains sont là qui te conduisent
Et ton cœur se désespérait !...

Si ta maison pleure ses hôtes,
Je te les ramène tous deux ;
Les vois-tu ? des régions hautes
Ils viennent : je marche avec eux.

Mère, je suis la rose blanche ;
Ici-bas, rien ne peut mourir.
Reviens au lierre qui se penche
Sur ma tige prête à fleurir...

Quand près de moi tu te recueilles,
Toi, dont le deuil est si profond,
Le vent qui bruit dans mes feuilles
Est un soupir qui te répond.